ANGELO DI LUCA

... MERAVIGLIA ...

Youcanprint

Titolo | ...Meraviglia...
Autore | Angelo Di Luca
Disegni a cura di Vincenzo Cavaliere
ISBN | 978-88-31635-23-3

© Tutti i diritti riservati all'Autore
Questa opera è pubblicata direttamente dall'Autore tramite la piattaforma di selfpublishing Youcanprint e l'Autore detiene ogni diritto della stessa in maniera esclusiva. Nessuna parte di questo libro può essere pertanto riprodotta senza il preventivo assenso dell'Autore.

Youcanprint
Via Marco Biagi 6 - 73100 Lecce
www.youcanprint.it
info@youcanprint.it

*A te,
piccola Matilde,
dolce meraviglia,
in onore del
tuo Primo Compleanno,
dedico questi cari versi.*

*Alla ricerca delle stanze degli angeli
mentre i nostri occhi lucidi
cercano la continua verità
persa in quattro mura d'universo.
Mille mattoni invisibili
raccolgono pensieri confusi
d'un cuore che batte impazzito
con ogni cellula del cielo,
si nasconde solo il coraggio
di osare, sforzare i limiti
di un'anima ricca di gioie
che annientano la presente paura.
Non manchi il volo
nel vuoto d'una stanza:
si cerchi la musica, si canti,
come corpi leggeri su un tappeto di tempo.*

***

*Nuova linfa dal misero mandorlo
dischiude il canto d'usignolo,
vibra la brezza per il canneto
smuovendo fresca brina notturna.
Svolazza lo sguardo fanciullo
tra effluvi di arsi grani d'incenso
dispiegando figure d'ogni genere
nello specchio della luce.
Sfumati ricordi, timidi ritratti,
visi smarriti tra le nubi,
antica realtà e nuova illusione,
fantasia di anni trascorsi.
Lì, tra verdi chiome di giovinezza,
muti fantasmi danzano alla luna
sognando ad occhi aperti
il calore del tuo palmo.*

***

Nei meandri dei labirinti di roccia
e nelle fornaci di vulcani fumanti
rimbombano continue esplosioni
che biascicano verso l'orizzonte.
Nelle più vivaci giornate di primavera
e in quelle vestite dal ghiaccio d'inverno
vacilla la speranza, una freccia trapassa,
tutto cade nei freddi infiniti.
Spoglie le fronde, piegati i rami,
da venti troppo forti da resistere,
coltre di neve con gelida mano
assassina il chiarore del prato
ma quando tutto sembra tristezza,
nella più completa solitudine,
seppellito nelle profondità della terra
palpita e ancora esiste un sogno.

***

Il ruscello ed il cielo
cantano all'unisono
in una sommatoria di colori
ove l'uomo si abbandona.
In un raggio di sole
è descritto il messaggio
di un occulto ricordo,
malinconia che si scioglie,
nuota per l'aria come canzone,
evita le aguzze rocce
e consacra l'eternità
nella fiaba dell'esistenza.
Adesso, finalmente vedo te,
come cristallo, gioco effimero di luce
e risento il canto della vita
innalzarmi verso il sole.

***

*Le fulgenti chiome ondeggiano
al soffio di queste stagioni,
pioggia di fuoco assiste la scena
nel chiaroscuro d'un pianto.
Al buio della memoria si fruga tra i ricordi
che non varcano per paura la soglia
di quella ricerca sconosciuta dai segni
che cedono il passo alla follia del mondo.
Salve, ai raggi di un nuovo sole,
agli incanti, ai pensieri alati,
agli amori persi e baciati,
ai desideri più impazienti,
alla pura illusione dei sogni,
alle emozioni della gioventù,
ad un paradiso di eternità,
al breve tempo che resta.*

***

*S'inceppa la mente, cade la penna,
il tempo ruba pagine sgualcite
di questo prezioso manoscritto
che congiunge l'amore e l'ardore.
Molto da dire, da revisionare,
in quelle prime frasi d'amore
scritte e mai pensate,
su carta semplicemente balbettate
tra risa e profondi singhiozzi
di una vita spesa a metà,
di un sogno teso altrove,
ancor trovo pace nella scrittura.
Parole in successione
con logica e coscienza
disposte per bene nel cuore
tra morte e resurrezione.*

***

*Scrivo tracce sulle onde del mare,
bacio la controluce del rosso tramonto
respirando il silenzio d'attesa
sulla sponda lontana del cielo,
sperando ancor che si riaccenda
la stella assieme alla falce di luna
lungo la scia di biancastra schiuma
rilasciata dall'onda ormai lontana.
Più in là, lontano è il suo nido,
il fiore e il verde prato
dove riposare le stanche ali
su di una soffice nuvola.
Dolcemente un ultimo attimo
come seme che sente già il sole
qual meraviglioso materno calore
di cui si ama da sempre la voce.*

***

*Seduto sulla sabbia osservo,
giro e rigiro una collana perlacea,
e la mente rincorre le foglie
sospinte dal venticello d'estate.
Cerco aiuto tra gli spazi dell'anima
senza sorridere né piangere,
senza chiedere nulla a nessuno,
corro ad abbracciare
quella barca incagliata,
cullata non più da isocrone onde
ma dalle dolci note di voci
immerse nel tempo e nello spazio.
Si è fermato il pensiero dei venti
con i sussurri di pianti di gioia
e ancor prima di vedere la luce
ho subito amato la tua canzone.*

***

Sono qui, tra le erbe folte,
dove si disfano i pensieri
alle radici del tempo sospeso
tra dolci inganni e verità nude.
Sagome immobili, ne restan i nomi,
intrappolate in un groviglio di memoria
ove s'annida l'ombra del vero
nascosto lì, tra le gobbe del vuoto.
Ben riconosco le risate,
quelle cantilene sonore e felici,
quei grembiuli per tutte le classi,
l'ultimo giro di giostra,
e ancora i chiassosi girotondi,
balli alati di macchie e punti,
che non lasceranno scomparire
questo sciame di quieto vivere.

***

O fortunata Proserpina
ad incontrare sempre,
a sorridere piangendo
lacrime di lontana madre.
A me questo non è dato,
povera vita senza colori,
continuo altalenar di sfumature
senza contorni, senza alcun calore,
senza viso, senza passione.
Un ultimo volo di farfalla
per questo cielo senza rotta,
frantumato in sordità profonda.
Ma vuol certamente Fortuna
che si diradi la cupa ombra
e, salendo la sera esalando mestizia,
m'abbraccia e d'improvviso si fa conchiglia.

***

*Rivedo in lontananza
un dolce prolungato,
rintraccio confini e distanze
lungo l'angusto sentiero.
Mi porti a guardare il mare,
tu, lasciando ogni affanno
nella chiara solitudine:
l'onda dei primi sogni.
M'appare il tuo profilo,
preparo per te latte ed argento,
sento la tua voce raccontarmi
i segreti della vita disvelati.
Quella vita che vagava
in cerca di famiglia
e languivano ancor le messi,
or sol pianti di dei.*

***

*L'antica torre saracena getta un sospiro
e mi avvolge, piano m'assale,
ripercorro con te, madre,
la cima più alta e migliore.
Sorridi felice
anche ora che non sei,
dentro i grandi occhi scuri
ti seguo e ti perdo.
Tu, su bagliori di vento,
cuscini di pietra preziosa,
ancora racconti l'antica storia
di Demetra, la Madre Terra,
che dal profondo rapita
arsi e brulli divennero i campi
che, mossi a pietà,
mi ridonano il fiato.*

***

*Il fiume, l'estate,
un lavatoio improvvisato,
bucato torturato su pietra
da mani incolori, avvezze.
Trasparenti capelli raccolti
in volo rasente, vestito di sposa,
farfalle su cortei di papaveri.
Si corre per essiccate sponde
stregati da profumi d'un tempo
che emanano un briciolo di pace.
Il meriggio così s'impadronisce
dello scorrere del fiume,
tra sassi e strilli vagabondi,
lì dove il capo girasole
punta in su, corona allo spazio,
ore perse nel tempo di vedetta.*

***

*Com'è nera questa sera,
questo mare a lutto, calmo,
da raggio argenteo accarezzato,
calma d'animo sconsolato.
Scippa gli occhi questa luce,
luna troppo dolorosa
pur senza gioia e senza garbo
in un cielo quasi assente.
E cammino, solo, sul molo,
m'invento barche e pescatori
che dormono tranquilli sull'acqua
assieme alle reti zeppe di frutto.
Vorrei sentire anch'io, davvero,
le segrete parole del vento
che penso tutti i santi giorni
e serbo con gelosia nel cuore.*

***

*Quando incompiute e a sommi gradi,
dalle nostre cavità quasi si tocca
il primo sole che dilegua un confine
dall'estensione di pochi momenti.
Noi, prigionieri che soccombono,
una sirena, non certo fata,
calcifica l'amor dei cuori amanti
sul fibrillante mar di cristallo.
Nel cancellarsi del mattino
già si è vittima del marmo,
senza vita, senza anima,
interminabile e piccolissima scheggia.
Oblato a strie per evidenza
non posso più guardarti
nello specchio d'acqua assai dolce
che ci vide giorno per giorno cadenze.*

***

*Ah, mala terra,
che m'allevasti con amore
mentre io spensierato
correvo a perdifiato.
Ti rimiro dal finestrino
nelle tue variegate coste
e, in un insperato arrivederci,
scolorisci tra le nubi
che troppo presto ti congedano
e cominciano a corrugarmi la fronte
gettandomi in un incerto avvenire,
già preposto dagli avi.
Ma ancora il fresco delle tamerici
mi invade in petto ormai arso
e nessun può capire
quanto bramo il ritornare.*

***

*Ascolta, o cielo,
non son lumi perlacei
ch'aleggi e sovrasti,
sol ch'esse in cosmo vasto
in cor ancora ispiri
le dimore delle stelle,
scavando dura e spessa roccia
che in tenebra brilla
e in anima sboccia.
Scusa se par gioco
questo sì timido poetare
ma fu il tuo volto caro
che d'improvviso cadde in mare
e divampasti in cuor mio:
ancora ardi, raro amore,
abbandonato tra fosco e chiaro.*

***

*Tra verdi vallate e rupi scoscese
nuoto in mari ancor troppo innocui
e, librandomi in volo,
aleggio verso contrade ignote.
Poca la compagnia prima dell'addio
ed il tuo pensiero s'affievolisce
come tal mano segnata dal tempo
che s'appresta a ben altro palmo.
Non appena la soglia dell'età matura
si riempirà di tormenti e preoccupazioni
sol legati alle radici ed al profumo,
ci si ridesta dal dolce sonno,
e sotto ombrosi ed aitanti ulivi
ricorderò ancor la tua vittoria
ormai emigrata in terre lontane,
una come le tante.*

***

Stiano ben lontano i leviatani
del mio buio più profondo
e, per ameno incanto,
Diana ancor risplenda.
Per il vento di luna l'ali traggo,
entro nel guscio di vecchio paguro,
simile alle timide creature
che abitano le ombre.
Sono mondi inesplorati,
lacrime di gioia in giorni persi,
certi che il buon Dio
crea non per tedio, non per noia,
ma sol per amore sincero
che Lui possiede da sempre.
E attendo d'assaporarlo anch'io
quando al fin saremo insieme.

***

Nella purezza dell'altitudine,
sull'atmosfera senza cute,
su qualche labile bocca
muove e muore l'aurora
mentre dal nulla è già ulteriore
l'avvedutezza non più mia,
il riverbero senza posa,
scalpelli al mio disarmo.
Tutti, su questa folle piazza,
martella il capo che sorregge
e il non poter guardare
scabrosamente incolto
intima il buio ad avvolgerlo.
Ma più lampante, nessun volto,
dentro l'abbaglio che ci abbozza
da tutto ciò che non si incide.

***

*Potrei vedere
infiniti tramonti
in emisferi opposti
e brillante, caldo e deciso
volevo dipingere un amore,
ma non avevo il cuore,
solo il nero per soffrire.
Alla fine ancora sogno
di essere con te, insieme,
tanto lontana, negli stessi posti
che vivono solo di noi.
E per i bambini che potevo avere
nei tuoi occhi tanto chiari
mi accingo a gettar le vesti
di tutte le pene marcate sul corpo,
dimenticando il senso del dolore.*

***

*È un viaggio senza meta,
una scoperta di emozioni rapite,
l'innocente sorriso di bimbo,
il saper danzare con l'uragano.
Tra le orme del cavaliere
sento prorompere Zeno in petto,
uso l'immaginazione, la malinconia,
scatenando col critico pensiero
la delusione e la smania del viaggio.
Lotto ancora, solo, con le parole,
rivedo la mia primaria odissea:
e pensare che tutto è iniziato
con un librettino ormai ingiallito
posto lì, nella vecchia libreria,
ma ancor oggi, preludio di abbandono,
mi fa palpitare il fermo cuore.*

***

*Mio dolce amor perduto
di questa vita fatta di destino,
salvami amore, salvami,
da tutte queste spente emozioni.
Eterna sembra esser l'inquietudine
per le strade, tra queste vive morte genti.
Cado a terra e dal nuovo giorno
lunghe sono le meditazioni.
Perché, o Natura, a me mortal comune,
doni queste vestigia fatali?
Perché ne sia meritevole,
qual diletto mi porgi?
Forse ben altro mi elargisci
col notturno canto solitario
e il mio viso rinfreschi e rallegri
mentre placide, sempre, scorron le acque.*

***

*Menti che dialogano,
parlano solo di te,
narrano la storia di gesti
che si riconoscono oltre.
Sei nell'altro sol te stessa,
rispecchiamento vivo di trame,
sei musica, dolce sonorità,
confusione mescolata all'ordine.
Sai chi sei, so chi sono,
sei novità nel tempo concessomi,
certezza d'eterno presente,
lotta orizzontale,
intimo distacco dal mondo,
punti di vista strambi,
abbraccio insperato,
mistero di insanabile bellezza.*

***

Come nidiaci e implumi uccelli
del dolore, la mortificazione,
laddove l'infante indice:
morto l'inaccessibile.
Mi hai inglobato,
hai disteso il tuo corpo
accanto a questo cuore
da cui estirpi ogni pena
e piano m'addormenti.
Ribatte ricolmo di rammarico
questo frammento di storia,
se questo fosse il tuo prezzo
vorrei restar bambino per sempre,
senza spiegare o giustificare
l'agire ed il pensare
ma continuare solo a fantasticare.

***

All'alba incerta della piccola vita
stelle appese al buio d'una notte,
canti di gioia, speranza e pace
promettono l'arcobaleno alla pioggia.
In questo immenso mare
ti ritrovo per raccontarti storie
di latte e miele, fiori e fate,
per vederti nuovamente camminare.
Nel varco soleggiato ti cerco,
lì, dove l'ispido rovo copre da sempre
il tuo sorriso, tra vigne e orti
carichi di luce che al mattino s'apre.
Eppure sento in lontananza
l'adorato canto d'arrivederci
seppure ormai in tutto risiede
il rammarico di non aver potuto far niente.

***

Nelle notti di plenilunio
sento sui colli un soffio di luce,
antiche parole già inscritte
nell'aureo tessuto del mondo.
In questo vasto silenzio notturno
dal cielo piomba il richiamo diuturno
d'un uomo riacceso di luna
nel sovradialettico ardore
di ritornare alla vita.
Nei raggi di un'alba infinita,
nel mite vegliare in ascolto
che effonde gloria solenne,
è aurora che unisce amata e amante.
O notte che induci al mattino
di là d'ogni limite o pegno
nasce la gioia d'offrirsi al diurno.

***

Volge la luna un timido sorriso
rosso di sangue d'un sole crollato
e cala anch'ella di bronzo vestita:
questo spettacolo ancor si ripete.
Candida vola nel blu dell'etereo,
gelo al freddo di questo tramonto
mentre nello stesso colore affondo
lì ove pian piano muore la sera.
Giunge alla mente il tuo dolce viso
rosso di sangue tinto come quel sole
calando ancora nel mare al ciel congiunto
mentre rigermoglia novella sera.
Ed è in questa serata di primo equinozio
che il nostro primo amore si sente pronto,
vestito di uno strano coraggio
per noi semplici foglie al vento.

***

*Tacciono nelle ore del tramonto
le ali smesse dei falchi,
mi portano nell'angolo più lontano
gli echi delle parole dimenticate.
Cerco da anni la tua voce,
creo dal nulla una bocca,
ma tutto resta incompiuto
nell'oscurità della tela luminosa.
Raccolgo manciate di suoni e dolori
in un silenzio calpestato più volte,
che rende minuscole le notti,
che accorcia ogni dì la vita,
ma non importa se tutto ciò
smuove le fila dell'animo umano:
resti viva la speranza
di chiudermi nel tuo ultimo sguardo.*

***

*Notti di maschere bugiarde,
attimi mai sazi di verità.
Se tu fossi stata come volevo
il mio desiderio d'averti
come lucciola o dorata arpa,
spesso conchiglia, a volte gitana,
avrebbe dato pace ai battiti incerti
che rincorrono miraggi sopiti.
Illudono le danze nuove notti
dell'aura di luna argentata
gettando ogni limite o pegno
per lampo disciolto d'amore.
Ora sei come t'ho sempre sognata,
tu, unica notte di stelle,
brezza di mare, voce di bosco,
finalmente amica.*

***

*Queste quattro croci
piantate nel campo,
sentirsi gran padroni
di un coccio d'argilla,
dal patire intriso di sentimento.
Sono nato da questa terra
alla maniera di cento piccole stelle
cadute per un solo desiderio.
In questo infinito silenzio
vive il suono di quella terra
che regge i lembi del sipario,
fievole luce nel profumo di arpe.
Or con la sottile astuzia
pronta è a rincorrere l'amore,
sempre ardente di scuotere,
ridonar forza a questa vita.*

***

*E non si fa rumore
nel soffio del pioppo alla sera,
e non si fa silenzio
nel sacello di una breve gioia.
Accetto di soffrire il mal concesso
abbandonandomi allo stretto groviglio
del velato richiamo della sera
che educa il cuore alla dolce passione,
di un lungo viaggio tra abisso e sole
in cerca di pace, in cerca di luce,
senza aver bisogno di cantare
il bisbiglio di petali dischiusi.
Con la lanterna or fioca
vagabonda nella notte,
ancora nel silenzio profondo
odo la purezza d'una voce.*

***

All'angolo più buio
s'incrociano gli sguardi,
appare una dolce canzone
tra sospiri e rintocchi.
Sa di amore alla finestra,
piccolo nido per coppia d'angeli,
stretta stanza del cuore
piena di tempesta e d'attesa.
Mescola il caso le carte in gioco,
muove con mano i pezzi del mosaico,
lascia indietreggiare a piacere il lume
nascondendolo nel velo della notte
e tu, sempre lì, attenta,
lo accogli fra le tue mani
che si sfiorano, si muovono con cura,
sussurrandogli il suo vero nome.

***

Vengono da lontano queste parole,
dalla notte che ristora il poeta
nutrendo quella dolce memoria,
melodrammatica malinconia.
Intingo il pennino nel sottile dolore
di un memorare invisibile
e dedico a te, in punta di piedi,
il mio primo ed ultimo respiro.
Sussurro ancora queste parole,
fonti di sogno e di nostalgia,
le semino nei tuoi teneri sogni
ricamando con baci la vecchia tela
mentre io, povero orizzonte,
siedo in cima al colle brullo
e scivolo adagio nell'aria leggera
che in vita non seppi mai cantare.

***

Luci smorzate sui muri antichi,
scalfiti dal vento, segnati dal tempo,
ombra pellegrina il sol traspira
nel velo di neve delle ore
sotto una luna che bussa alla porta,
cancella voci e colori di giorni
questo vento inatteso e lontano
ma solo per poco, nell'ombra del dubbio.
Soffio di foglie nell'ultimo volo,
ricordi, fantasmi, frantumi,
un saluto alla sacra montagna
e uno sguardo perso nel mare.
Anima pia, animo dolce,
sei un miracolo, forza assai dolce,
nei nostri occhi si stringono i cuori
come quelle foglie in balìa del ciclone.

***

Al di là del bene e del male
non posso fare a meno di pensare,
forse non era vero amore
quello condito dalla mistura antica.
Il tuo cuore accolse il primo riposo
e non credo di poter dimenticare
quel sangue che bagnò per primo
un corpo ancor solo di pelle
mentre il tempo di reconditi finali
bussa al portone della vita,
tessendo muscoli, distendendo ossa,
dando al nuovo esistere ordine e misura.
Ed oggi, al di là d'ogni convinzione,
nulla potrebbe modificare la mia verità
che, attraverso i miei gesti,
dona da sempre senza mai pretendere.

***

Solca i campi l'ombra lenta
d'un tempo di falci al vento,
foglie di viti chine al terreno,
farfalle disperse per le campagne.
Nella trama di bianchi sentieri
fragranze ricuciono la pelle
di vecchie parole mai dette,
dedicate solo a te, fiore tra i fiori.
Di miracoli e leggende rinarro
quella sera tra filari di lucciole
che ammaliavano prodigi e promesse
di lumi, scintille di stelle,
e non sai quanto mi mancano
lo stupore di bambino, fresca giovinezza,
la vita impressa nelle sfumature
di quel buio carico di luce.

***

Rivedo respirare il soffio del mare
rincorrere le onde incantate,
rapito dalla libera sinfonia
della palpitante sognatrice.
La volta celeste condivide luci ed ombre
che lascia scorrere nelle vene del mondo,
di un universo sfiorato dal cosmo,
stordito dal continuo desiderio
di tendere le mani al cielo
e acciuffare la gonna fine d'aurora,
colmarsi di polvere di stelle
corteggiando il volto della luna.
Emozioni, queste, che rivivo,
ogni volta che incontro il tuo sguardo,
nella folla di gocce animate,
in questo vasto oceano di parole.

***

A questa vertigine d'anni assomiglio,
mistura del silenzio eterno che misura
e piove su di noi e sulle cose,
sulle voci di fuoco e di vespro.
Coi nuovi pleniluni verremo alla quiete,
alle memorie dal vento interrotte,
in questo tempo che se ne va
al canto di una volta.
E qui mi ritrovo a stringere in mano
la sabbia dei gabbiani naufragati
di nascosto tra i salici del cielo,
tra nostalgia di ombre care.
Dei sassi o d'altro ancora
il rumore qui ripiomba,
e su ricci di castagne passeggia
il cuor che piano risana.

***

La matita, l'orologio, lo specchio,
la gamba del tavolo che un tempo fu ramo,
il tappeto di fili colorati intrecciati,
il libro già letto, il vinile riascoltato.
La foglia verde eguale alla gialla,
il fiore che ricresce, il frutto in pieno sole,
la nuvola rosata al tramonto,
la neve, la direzione del vento.
La presenza del canneto che si affaccia,
la conchiglia, il sasso levigato, la pigna,
il senso di ameno profumo,
il sorriso legato a grande gioia...
Do voce a tutto ciò che mi circonda,
alle parole sussurrate, mai dette a gran voce,
al silenzio aperto dei ricordi
che mai riuscirò a decantare.

***

O piccola, mirabile incanto,
ti fai incomparabile nell'arco lunare,
e col tuo occhio grandioso
scruti l'immane creato.
La divina e leggiadra beltà,
o alta vetta del monte marmoreo,
trasfiguri nel volo di un angelo
la mano sapiente dell'incerto scultore
che chiama a raccolta tutte le muse,
testimonio di pietra lavorata,
tra il chiarore che comincia a scemare
nella corona dell'indaco cielo.
E sul mare trasvolano a caldi lidi
le ali armoniose del candido sperare,
di tenerezza infinita caricate
sol per raggiungerti, sacra meta.

***

Quel rudere, antico ricordo,
racchiuso da colli dorati,
vicino, nel silente prato,
protetto dal giorno e dal mare.
Dipanati i nodi da mani contratte
spalmano tremuli rumori dappertutto
come ombra sospesa nel vuoto,
né masse né composti.
Volo lungo lo sfondo d'assenza
in baluginanti scie argentee
ritrovando tra eteree visioni
doni distaccati dal greve dolore.
Ed ora sol la mente danza leggiadra
tra solchi scoscesi e sentieri coloriti:
ovunque andremo saremo semi
dell'amor sacro che tutto volle.

***

In un misterioso trillo di viola
cavalco la cresta di dune cedevoli,
incrocio di chissà quali popoli
quei granelli di sabbia che risuonano
arsi e tersi dal canto del sol leone
che spunta proprio lì, tra biancastre vette,
dando alle urla leggere del vento
il disseminato clamore dell'universo.
Cento maschere dai tristi colori,
chi salta, chi gioca, chi tira una stella,
chi con la sua perenne lacrima
mi riporta a questa realtà
che cerca la pace in un mondo ostile,
fatto di incertezze, di ansie intriso,
ma il tutto s'aggiusta nel gioco infinito,
nell'ora più profonda del vivere.

***

Un preludio affamato d'abisso,
non riesco ad emergere dai tuoi occhi,
animo il mio sentire nel soffrire
in questa morsa di ghiaccio impenetrabile.
Voglio raggiungere tra giungle celate
del vivere inutile a cavallo di un muro
e non ti parrà vero che ogni giorno
folle tiranne circondano il mio capo,
demoni amabili dall'addio prossimo.
Restano nel mio ventre insaziabile
i sogni proibiti di quest'anima sola
mentre l'inverno sussurra il suo arrivo.
Amo sognare anche ad occhi aperti
di vivere una vita alla luce della luna,
fragile preda dell'eterna luce raggiante:
sarà ancora infinita la voglia di sperare.

***

Correvo scalzo tra spine e rocce appuntite,
spade taglienti poste ai miei piedi
stanchi delle incessanti corse
che non portano ad alcun traguardo.
Opera del sole e della terra rossastra
tra ragni e serpenti ricurvi in amore
pronti solo al richiamo delle madri
e al crudele morso della fame.
Si accinge a tramontare l'astro maggiore
sotto l'albero antico divenuto amico
al teso orecchio, ascoltatore di fiabe,
al fedele e fiducioso rosario paterno.
Rivedo ancor bambini celati
nelle più buie stanze lontane,
intenti a giocare con immagini comode
sui più fini grani di luce.

***

Volano a festa i variopinti aquiloni,
giocano sul prato briosi bambini
segnando traiettorie che si scorgono
su questo cielo prossimo alla pioggia.
Apro le grandi finestre della villa antica
nel silenzio di luce già mostrata,
essere ancora figlia delle stelle più belle
cariche di cuori e dei loro più intimi sogni.
Arriva anche oggi la tregua
ma non per quel frammento d'essere
che cresce con ansia tra i bimbi,
corpi danzanti sul fazzoletto di verde,
e superano le stelle e la luna,
oltre i confini di ogni sguardo umano,
ritrovando lo spazio nella fantasia infante
qual ragione di vita per chi continua a sognare.

***

Si scopre la luce tra filari d'alberi
in questa notte rapida a giungere
e porta con sé l'autunno e i tramonti,
le nuvole, le onde, il mare della memoria.
Modelli e plasmi il volto tuo raggiante,
dai forma a naso, occhio, capello,
delineato viso per giorni accarezzato
e per troppe ere sperato.
S'incurva in morbido gesto la creta,
pietre bianche di fulgido candore,
sei musica, poesia, tradita assenza,
dolcezza compagna, fiele di luna,
non hai dimensioni né proporzioni,
armonia infinita che sai ascoltare i cuori,
tavolo divino, perenne miracolo,
ultima spiaggia che mi resta da vivere.

***

Primo amore, profumo di mare,
spalle di resina coperta da vette
e piedi lambiti da onde spumose,
primo amore, dolceamaro miraggio.
Ombra visibile, vaga tra le viscere
di un'impronta lascia sulla sabbia
nella cui forma, disarmante bellezza,
trova dimora la magica tela
succinta, amante d'ogni arte,
riscoperta di stessa luce,
stessi respiri nella comunione
dell'animo che ancor si fa fiamma.
Nel mio corpo troppe stelle conficcate,
vertebre lucenti d'uno scheletro immane,
mistico ostacolo nel giardino del cosmo
qual nuova pietraia, zolla felice.

***

Scrivere una storia, raccontar se stessi,
c'è un sol posto dove il rifugiarmi è dolce,
nei momenti di pena, durante le fatiche,
mentre penso e invecchio scrivendo.
Cerco la giusta chiave di lettura
nella vasca gremita di ricordi,
lì, leggera come carezzevole piuma,
attorcigliata ti celi al mio occhio.
Neve, grandine, acqua di torrente,
vento d'uscita di ogni avventura,
nel turbinio divieni rima amorosa,
soffio, lama, nave all'eterno diretta,
e come fuoco m'infiamma la tua idea,
fresca emozione che pulsa nel cuore
sempre dipartitosi da ogni certezza
alla ricerca di un diritto d'autore.

***

Esce il tulipano dalla tana del ragno
e tu, notte rumorosa di grilli e gatti randagi,
illumini la luna che detta le sentenze
alle stelle avare di menzogne, sempre belle.
Aleggia nell'aria un dolore di bianco vestito
che trasforma e cambia, sussurra al giorno,
urla rabbioso alla notte che incatena
una pace dal nome molto leggero,
un verso, un sospiro, un sollievo,
portatore di crude dimenticanze,
contatore di intime disgrazie,
di condanne al di fuori del tempo.
Ma c'è un dolore che cura ogni ferita
smuovendo ogni ricordo d'amor sfumato,
una catena di ossi di grano
che ho imparato a chiamar destino.

***

Case distese a conchiglia,
come nidi di rondine in inverno,
spaccato che adoro e
di tanto in tanto riassaporo.
Gazza ladra che m'abbraccia
mentre ascolto il suo respiro
gettato tra candidi e fini rami
sulla strada che porta alla cima,
fra pigolii d'innocenti pulcini
si librano le piumate gioie dei meriggi,
chiacchiere di fontanelle,
ricchi giochi di campagna.
Luogo del cuore, infanzia lontana,
assorto rimiro le mie collezioni
di esperienze, amicizie, ricordi,
tutto ciò che mi riempie da allora.

***

Solo, come l'alba d'un giorno,
stella frantumatasi nel buio
d'un velo gettato in mare
che sembra esser senza cielo.
Promesse di salti nel vuoto,
voli pindarici, deserti senza scopo,
intrecciati in indecifrabili messaggi
sempre soavi, mai ascoltati.
Cerco lame tra ferite che non sono,
centimetri impercorribili di sorde preghiere
declamate alle braci d'incenso
in quei templi lontani, ormai in rovina,
e come lampo, fulmineo memorare,
voglio l'inizio, quaggiù, adesso,
tra occhi sbagliati e perfetti...
verrà ancora all'alba nuova il giorno.

***

La schiena curva come vecchio ulivo,
capelli radi, bianchi alla radice,
una lercia coperta dai larghi destini,
solleva piccole e stanche nubi di polvere.
Un nodoso bastone segna ogni passo,
tra ritmato borbottio e cantilena,
nessuno conosce il suo nome
né dove corra col suo sguardo
masticando foglie di divino nettare.
Ricco sol di polvere nera, carbone,
specchio che riflette l'esistere
di chi indossa ogni maschera da sempre.
Eppure si definisce umano,
troppo umano il singolar giudizio,
un dito dritto al rovescio
né verso un sogno né verso la luna.

***

Il segreto della memoria,
linea continua, luce irregolare,
immagini, parole, odori e sensazioni,
rifuggono falsità e superfluo
attraverso paesi, fiumi e montagne,
uomini conosciuti, donne amate,
giorni di festa, scambio di perle,
vecchie pagine di visioni lontane.
Disagio di buie ipocrisie
con gli anni la tenerezza assale,
cerca una pura comunicazione
negli occhi vispi d'un tempo.
Conto e racconto da cent'anni e più
treni partiti e ritornati,
lacrime e sorrisi, chi viene e chi va,
nei cieli bui illuminati dalla cometa.

***

Si è alzato stamane il dolce Maestrale,
il cielo si lava da ragnatele di foschia,
la sabbia riacquista riposo dalla tempesta,
e le bandiere continuano dolci a cullare
creando un finto gioco di luci
nella turchese porcellana del mattino.
Il profumo di salsedine,
l'accoccolata schiuma delle onde,
lasciano scivolare via i dolori
sciogliendolo nel ritmo cadenzato
dei flutti amorosi e paterni.
Sconosciuto male, ritratto di gioventù,
a riva l'aria resta frizzante,
la salsedine carezza la pelle,
la sabbia brilla dorando la scena
e il mar palpita richiami di vita.

***

Sintonia totale col mondo,
dischi trasparenti, orbite dissolte,
immersi in un verde carico
di gocce sottili che s'aprono
come cascata, sinfonia cara.
Ci si muove con leggerezza
Sospeso tra terra e cielo,
in una galassia inesplorata
a cui darò il tuo nome.
È l'ora di ripartire, di aggrapparsi
alla tenacia del passato,
riaffondare i piedi nella cocente sabbia,
prendere il largo con nuova barca di carta,
dare un nuovo schiocco alla vita
imprimendo nuove impronte con la fantasia.

***

A quelli che erano gli amici,
a quanti si son persi di vista,
compagni di gioco in un cortile sterrato,
a quelli che m'hanno d'improvviso lasciato.
E ancora, a quegli incontri serali,
nelle sere di festa, per caso,
nel tempo in cui scrivevo lettere
d'amore per saziare i miei sogni.
Dammi la pace, tu, calda parola,
bacia la mia fronte e rivelati,
sia per me profumo e oro,
posati come farfalla a primavera e...
Poi, il tempo decide di finire
lasciando aloni, tracce di nostalgia,
a qualcuno che parte e non ritorna,
a qualcuno che mi lascia per sempre.

***

Sanno di olio, antichi sapori,
e son sempre belle al sole d'estate,
con vesti chiare che s'alzano appena
al dolciastro scherzo del vento.
Portano pensieri ormai stanchi,
danzanti al canto delle cicale
tra il mormorio delle fronde
ed il suono dell'allegro canneto.
Quando all'ombra il sole
induce a star col capo chino,
tessono giorni migliori
questi infantili e intimi pensieri,
sognando lumi saltellanti, lassù,
mentre sciami di farfalle mi circondano,
sfiorano il viso ormai stanco
che non vede l'ora di parlare alla luna.

***

Risorge la nuova identità,
s'esprime il nuovo lineamento,
così chiara e vigile trema
questa ragione di nuovo umiliata.
Quante volte ho pregato il cielo
di concedermi l'oblio, il nulla.
Quante volte ho implorato risposta
all'amico che il tempo ha trasformato.
Solo, quasi intimamente disperato,
nuovo sangue scorre
tra cicatrici di corpo e sentimento,
e da sole raccontano
di un uomo andato via,
senza sconfitta né vergogna,
finalmente ritornato al mondo
per narrare la più bella storia.

***

Farfalla dai ferrosi colori,
tu non sapevi del gelido vento,
non sapevi della tua vita
che dura una sola stagione.
Zolle coperte di fiori, profumo sottile,
testimoni di mille emozioni,
una luce timida e debole,
fatta di fretta, agli eventi sottratta.
E sopra una rosa bianca
soffoca in gola, il tempo consola:
piccola pietra, bizzarro stupore,
guarisce l'incanto la sorpresa.
Talvolta ci sarà chi vivrà dei tuoi occhi
e chi ti deruberà anche dei ricordi,
ci sarà tutto e niente sarai,
vivi col sorriso ed un battito d'ali.

***

*L'incrinatura d'un diamante
al cospetto di perfezione
che si fa scudo del sogno,
amore che non passa
e aggiunge desinenze superlative
alla parola mai pronunciata,
ad avverbi e aggettivi comuni,
tutto ciò che gonfia l'aria di sospiri.
Un vento capace e pieno di fiato,
coccole dolci al leggero aquilone,
slancio vitale per una barca a largo
verso l'approdo d'un porto sicuro,
un'isola a cui non serve arcipelago.
Mare e terra sono già tutto,
l'incontro perfetto di due mondi lontani
dove si fa complemento l'opposto.*

***

*E son trascorsi gli anni,
selva di giocattoli consumati,
nugolo sparso di volti perduti,
il guscio vuoto di una lumaca,
lo scheletro d'una bicicletta abbandonata,
il verde stinto di quel liso tappeto.
Nel camino dei sogni ormai
non arde più la stessa fiamma,
resta solo qualche pugno di cenere
alla ricerca di senso al cammino.
Resta il grigiore che scende nel cuore
e negli occhi aghi di pianto e rimpianto.
S'ode lontano il brontolio del tuono,
rauco respiro di desiderio,
e intanto passano i giorni
nel residuo spasmo delle vene.*

***

Quando hai paura del buio
chiudi i teneri occhi
e cerca d'immaginare ciò che si cela
dietro le nuvole, oltre le stelle.
Immergiti tra le onde di quel mare,
corri libera a piedi nudi
ascoltando il grido libero dei gabbiani,
abbandonandoti al loro volo.
Non è il vento a dar rotta alle vele,
tutte bianche all'apparenza,
e legati alla brezza quando cadi nel fondale,
ritrova la gioia aprendoti a nuove correnti.
Quando avrai paura d'innamorarti ancora
dopo la grande delusione, male mai dimenticato,
quelle lacrime son perle sul cuscino,
respiri d'aria fresca al mattino.

***

Mille e mille lune lontane
a illuminare diverse notti,
nutrire giovani albe feconde
e ombreggiare infiniti giorni.
Luce chiara in occhi scuri
con suono e onesta voce,
urla che tagliano il silenzio,
ma nessuno sente: canta più forte.
Neanche una foglia si muove,
anche la nebbia in sé si confonde,
in questa solitudine che uccide
pian piano l'inno alla gioia.
Vai, fuggi, fuori dal mondo,
scendi in piazza, chiedi di tutto,
vai fra la più diversa gente,
ringrazia, vola, cerca il senso e la cura.

***

Donna del sole, fulgida aurora,
sorgi come luna piena,
e se ogni stella tace,
piovano angeli senz'ali.
Araba volta che albeggia,
abbraccia l'assoluto amore,
sali in là, oltre l'azzurro
che splende, risorge, lieto sorriso.
Tenue e segreto sulle nuove colline,
su uno straccio di mare deserto,
spunta una pallida cornice di colore.
Dammi tu, la chiave che apre l'universo,
il sorriso che avvolge la salvezza,
e lì, al chiaror di stelle nuove,
aprimi a pianeti nascosti e nuovi soli,
generando novelli orizzonti.

***

È un viale d'albero,
un lungo cammino di foglie cadute,
un cielo chiazzato di nube
rubato alla dolce stagione.
Scorgo laggiù la fine del mondo,
gocce di fuoco miste al perdono,
e tra i fitti rami del bosco
vi si riposa tacendo ogni cosa.
S'ode un boato, il legno si schianta,
tace il nocchiero, canta la sirena
e in breve melodia divien grugnito.
Si attende con prontezza la fine...
Un'onda più alta s'abbatte di colpo,
poi nulla, solo quel canto,
e l'anima nuda m'aspetta
ancora nel bosco per far la pace.

***

Le anime della mia terra
si raccontano storie trapassate,
osservano distrattamente
ciò che porta la corrente.
Aleggiano all'imbrunire
fissando l'astro sotto l'arcata,
accarezzando l'erba tenera
senza raccogliere alcun fiore.
Si lasciano trainare dal vento
in cerca di ricordi lontani,
vissuti d'altri tempi,
fantasmi sorridenti e senza veli.
Ma quando cala l'ultima ora
e mi perdo lungo il caro argine
in mezzo alle ombre più sconosciute
odo chiaramente quella voci.

***

Fragile come foglia
fingo di scrivere poesie,
vetusti pensieri
su introversa tela.
Leggo rime spente
e i più incomprensibili versi,
maschero il mio volto
mentre evapora l'ultima lacrima.
Ancora corre una goccia,
scivola nel petto del vegliardo,
occhio indagatore e fatale,
cerca una luce oltre le tenebre
e il tempo si è fermato.
Dovrò aspettarti come il giorno,
quando si risveglierà il cuore
farfalle sussurreranno nuove parole.

***

Basta soltanto rivedere il tuo viso,
soltanto sfiorar la tua pelle,
quando tra la folla ho visto quel sorriso
sono cadute tutte le stelle dal cielo.
Quale onesta figura, vestita di quercia,
profuma i giorni di rose silvane
e mi accoglie generosa come sorella,
con umili doni, dati ai figli del ritorno.
Masticando oleandri in fiore
sui gradini dello stesso cielo in festa
pensavo ad un'allucinazione,
alla mia testa fantasiosa all'estremo girare:
non è miraggio, sei tu, reale.
Sei da sempre la più bella ispirazione
e ti sarò grato in eterno,
tu sola scateni la mia immaginazione.

***

Sibila al vento la muta foglia,
piange il cuore tra occhi sperduti
e manti strappati, prestiti e cure,
sezionano anime dai volti d'avorio.
Tra acque scure, barriere di corallo,
vedo polvere macchiare cieli lontani
e sprofondano all'istante
i bei castelli per aria sparsi.
Agli estremi orizzonti apro lo sguardo
fino al colle che mi vide nascere,
sale del Figlio l'ultimo respiro,
sollevo gli occhi per impetrar perdono
e spero un nuovo raggio di sole,
l'ultimo granello di sabbia lieve,
il venerabile attimo fuggente
per lodarti ancora una volta.

***

Amo quell'attimo in cui alzo gli occhi
e tingo il mio animo d'ogni colore.
Spero con questo mio scrivere
abitare la poesia, mia nuova dimora.
Visito luoghi, universi lontani,
zolle di terra, isole sospese,
tra sconosciute vergini
e conosciutissimi vissuti.
Odo continuo ritornello,
eterna dedica d'amore
prostrandomi all'antico altare
del mio più intimo sentire
e cerco, ricerco ancora nel silenzio
la musa che m'ispira da sempre,
mi lascia incredulo ad ogni frase,
lontana e vicinissima chimera.

***

Fresche, odorose rose s'offrono
al tocco di delicate mani
mentre la mente naviga
per la trebisonda del ricordo.
Un profumo d'erba giunge,
raggiunge il tempo di clemenza
e subito mi fa ritornar bambino,
alla rincorsa di bordi abbandonati.
Il papavero perde le sue fugaci ore
dimenticando un sole onnipresente,
e fuori la chiesa, lasciato solo,
guaisce un cucciolo in cerca di tenerezza,
di un abbraccio e una carezza
mentre tra fitte spighe ombre solitarie
sconfinano nell'oro di un campo infinito,
nei sogni di vecchi bambini abbracciati.

***

Son così irti quei versanti incisi,
gemme inconfondibili d'ogni pensiero,
forse assente alla natura
qual creazione del primigenio Verbo.
Ecco voltar le spalle ai monti della luna,
poggio lo sguardo sull'eterno sfondo
che il mare mi concede ancora,
ormai da tanto, troppo tempo.
In tutto ciò e altro bene
mi appago del quieto vivere
all'ombra d'un ulivo arcuato,
nel mormorio delle onde,
eppure mi sento incompleto.
Non vi è porta celata alla bellezza
degli occhi dolci che richiamano:
io appartengo al tuo immenso.

***

Batti alla luce del vetro,
protesa, decisa alla vita.
Ti penso e tutto tace,
ti lodo e nulla ode
la tua voce, il tuo respiro,
l'essere triste e al contempo allegro.
Ti sfioro e fuggo via
a nascondermi altrove,
rimembro e mi rifugio in camera,
la stanza più buia del tempio
e abbraccio, uno dopo l'altro,
tutti i libri del sapere
ma non trovo spiegazione.
Diffido da me, tra cuore e mente,
a volte sto bene, a volte solo dolore,
non c'è manuale che insegni l'Amore.

***

*Sta nel mare il suo segreto,
nella brezza del vento, nella notte,
in fondo ai vicoli intrecciati
tra case antiche e castelli in rovina.
È sulla montagna che avvolge
le nuvole che mangiano tramonti
tinti di sfumature d'infinito
tra barche e melodie d'un tempo.
Il segreto è nel fascino
di una poesia ribelle a questo mondo,
carica di bellezza, fontana di colori,
zampilli luminosi di sguardi reconditi
e gelosi di assopite passioni
lì, all'ombra della luna
che improvvisa con materno affetto
un'ultima cantilena al suo sole.*

***

*Tra profumi di fiori dischiusi
odo note dolcissime e amene,
sfuggite dalla bocca verginale
di un caldo desiderio innocente.
Appare il viso nell'incanto
e sorride lo spettro della vita,
si soffermano le ore accecate
dalla luce che ancor sprigiona
quel manto giovane di Donna.
Sospiro da sempre di te,
intessuto e avvolto dal niente
mentre in tumulto impazza il cuore,
si abbandona all'estasi, al disincanto,
a ciò che non sia mai stato concepito,
e grigie libellule conducono la via
al gran concerto di cicale in amore.*

***

*Sosto in questo dorato autunno,
siedo sul cammino della vita,
miro e ammiro, memore del fatto,
lascio risorgere dal nulla il fato.
Stanco del cielo ammantato di ruggine
chiamo a riposo l'animo ricolmo
di quei sentimenti saturi e maturi
che curvano il mio percepire.
Volgo lo sguardo al compiuto,
al respiro del poco, al sapore intorno,
sfioro la corteccia ruvida del tempo,
chiedo carezza ad un volto gentile
e che sia primavera, mi lascio trasportare
dal ritorno di rondini care,
vedo brillar già la sacra Venere
e a te rivolgo l'ultimo sorriso.*

***

*Stasera, aria di festa,
nel giorno d'anniversario di vita:
com'è bello stare abbracciati.
La mia vita con te, intanto,
chissà qual grande dono
la gioia che ridona sempre qualcosa.
Se solo riuscissi a parole,
a silenzi che già sanno,
a sguardi che sussurrano cose...
Vorrei regalarti un paio d'ali,
poi, insieme, affrontare il domani,
sempre al tuo fianco, semplice e bella.
Continuo solo a fantasticare
mentre tu ti fermi e guardi,
fuggi via alle luci del giorno
come ombra sommersa dal fuoco.*

***

... Che gira per tutta la stanza,
per gioco inventi un passo di danza,
e la cosa più bella è l'essere amati
come un non so che da custodire.
T'aspetti da me non so cosa,
ma sai, chi prima soffre poi osa,
grido al mondo la gioia che serbo
parlando un linguaggio più attento.
Parole che trovi scevre, misere,
cariche son di tanta ricchezza,
un nido sicuro in cui stare
come uccelli, a picco sul mare,
e adesso immemore e ignaro del passato
trovo un gioco ancor più bello:
chissà se ti sembra un po' tardi il sognare
la prima volta da mille anni.

***

Io rido, tu ridi, non resta,
ma so che è un tenero inganno
tessuto dalle mani magiche,
miscela di amore e tristezza.
So certamente chi sono,
colgo il favore del cielo
e direi male quello che vuole
chi intorno a me fa rumore.
Parla con la mia bocca l'amore,
al caldo e nei freddi mesi,
ai clamori gelati e piovosi,
alle vedute di quei lidi lontani,
quei sogni più amati
or ora rinati in questa notte
carica di baci, carezze e doni
di un fantasma che ripone le ali.

***

Quell'impronta d'umana rigenesi
di parole fatte così dolci
e ricche d'illusioni feconde,
squarcia aria, gelo e sospensioni.
Solo come lo son sempre stato,
ricordo, piango petali e foglie,
risciacquo calori tra tronchi di vita
rifiorita all'ombra della spelonca
che senza riguardo promette
e ancor ruba la rugiada
alle fronde delle tamerici:
tempo di passata allegria.
Urlo versi d'ogni tono,
dono lo spazio ad un saluto
e vorrei solo affondare in terra,
metter radici come possente quercia.

***

Segni d'un barocco consunto,
fregi sfregiati dal vento
a ignari borghesi tediosi
d'antiche nobiltà sbiadite.
Mani sporche, pelli ferite,
piccolo borgo, fiacco e banale,
tutto adora il corpo adornare
ma di cenci son vestite le menti
come in solenni e infausti giorni,
zeppi di ciarpame pregno e pesto:
sempre tra le belle, città antica.
Oggi ognuno si cura con fatica
e alberga tra gioia e tristezza,
in cuor però suoni e colori,
all'attacco di ignoti invasori
e cadono come neve gli anni.

***

*Fasti e glorie più non sono
che la storia diede in dono,
si necessita ostentare i segni
come statue di pietra indegne.
Per accudir la cittadella
in te vivono cuori e odi
che passeggiano come gran baroni
lucidando il già lindo salotto.
Ma la periferia è in abbandono,
lungo i cigli di strade assenti
i nomi non più suscitano leggende
e pian piano la beltà sfiorisce.
Morir mi vedo in lenta agonia,
fatale diviene questo nostro incontro:
da te giunto per riavere la vita
o almeno un ultimo canto d'amore.*

***

*Altri venti accarezzano il mondo,
respiro di non lontani deserti,
per tessere la tela che cancella
e a tratti veleggia qualcosa.
Insinua tra le palpebre un sopore
di rinascere in un tempo senza giorni,
dove la nebbia profumi di mirra,
d'incanto mi ritrovi sommerso.
Muri vecchi, antiche dimore,
dove massaie aspettano il ritorno
ed è quasi l'ora che caschi l'aurora,
che il volto del mulo affaticato
lasci scorgere il curvo contadino da lontano
segnando l'ora puntando il cielo,
scandendo le ultime ore lente
col tintinnio di sacri rintocchi.*

***

L'animo s'aggrappa allo Scirocco,
s'intride di salmastro nel canale
e l'orizzonte, d'alberi e di mare,
addensa e confonde la bruma.
Attarda il pulsar dei pensieri
sospesi in un grigio presente,
giù, nel borgo di paese,
dove appaiono soffuse immagini
che trasudano indicibili fatiche
per ripeter della cena il sacro rito
mentre la luce della lampada
suona coi ferri sul selciato.
Ecco, la stanchezza di una vita,
desta e ridesta al tocco di campana,
strappa il passato, s'abbandona al presente,
anche per chiedere a tutti un futuro.

***

Il vento soffia ancora stanotte
anche se si è appena levato
come quieto sospiro d'innamorato,
morbido e caldamente appassionato.
Mi aggrediscono e sollevano in volo
sorrisi e lacrime, tristezze e illusioni,
come quel soffiare che ulula sempre
mischiando un perfido destino,
qual moro che strappa il vetusto
in balia del frenetico vissuto
che mai s'arresta, imperversa,
continua con incalzanti folate.
Tutto si ridesta e s'avvia la danza
nel ciclone di giovane maga
tentando di imporre il suo incedere
nel mio mondo già colmo di pace.

***

*Una brezza leggera, come d'incanto,
morbida, dolce, delicata mano,
raffiche cariche di aromi lontani,
nenie classiche, lamenti ricordati.
La polvere investe la scena
come presenti inzuppati di pioggia,
e riportano quei frammenti di vita
che avevo chiuso nella stanza più profonda.
Mi ritrovo sferzato, ondeggio,
tra il forte e prepotente suo soffrire
continuando a rivelar segreti
nelle notti che non ho mai dormito
e mi trasforma in burattino
questo vuoto mare increspato
ma il riflusso delle onde di cristallo
sempre m'offrono un qualcosa di inventato.*

***

*Prima attira, poi confonde,
tristi lacrime sprecate
mentre la giovane osserva
e muove le sue trame.
Ad una trave laccio legato,
tuffo in pozzo abbandonato,
odo lo sferragliare accelerato
di melodia cara e dimenticata.
Non mi resta altro che volare
come marionetta dai fili recisi
fino a che si spengano le luci,
i miraggi, quelle fantasie volute,
e cali il sipario al più presto
qual prontezza di nuovi garzoni,
proponendo, a chi maledice,
la soluzione più rapida e felice.*

***

*Cammino sul far della sera
e si accendono i lumi del cielo,
la luna rischiara il volto segnato
di una vita bruciata in un lampo.
Riascolto le voci, cari lamenti,
barcollo vittima del vissuto improvviso
ma lì, un pagliaccio mi affianca,
spettri di mente, reali fantasmi.
C'è musica, oltre, con danze e compagnia,
che allontana a spasmi la malinconia,
mi avvicina a quella nostalgica allegria
riportando lo stolto al retto cammino.
E batto da sempre queste contrade
cercando tra le crepe delle muraglie
i compagni di quella dolce esistenza,
i ricordi da sempre più cari.*

***

*Su questo solitario vialetto
millenni di continue passeggiate,
faro è il muro divenuto amante, amico,
tra i sospiri delle notti più belle.
Pane gramo e splendidi sogni
che ogni sera attendono l'attimo,
gli ultimi bagliori dei tuoi occhi:
non sbiadisca mai il tuo splendore.
Passi come nembo, graziosa creatura,
torni, giuri, ritorni ancora
nei miei occhi tra le ombre serali
illuminate da uno spicchio di luna
e subito vedo morir la notte,
l'acqua trasformarsi in fuoco,
ruscelli divenir raro cristallo,
cavalli fuggir per gioco.*

***

*Pesto rugginosi e verdi fogliami
sussurrando, costruendo il tuo desco
per nascondere gli umidi umori,
offro quello che avrò dal giorno.
Al crepuscolo, silente e divino,
volgo preghiere a te concesse,
grido alla luna di non sorgere ancora,
di lasciarmi ancor tempo per riflettere.
Ma vedo la tua pelle d'oro fuggire
e i tuoi sguardi tersi di quieto vespro:
sai, non credo ai giuramenti
gettati proprio qui, tra viali addormentati.
Ormai è troppo tardi,
dietro, il ricamo d'un mare calmo
fa da specchio alle stelle in canto
di cui da sempre bevo la luce.*

***

*Ho illuminato le mie paure con immensi fuochi
ed ho superato il tempo in un battito d'ali
sempre in bilico tra incubo e stupore,
alberi che non hanno più foglie da affidare al vento.
Al corso di sentieri dimenticati,
al volteggiare nel più puro dei cieli
aumenti la corsa verso il nuovo mare,
tradizionale e disteso orizzonte.
Nelle notti buie e fredde d'inverno
immense farfalle di seta nei miei pensieri,
acqua di smeraldo ove il respiro volge al sibilo,
io, pietra, un milione d'anni d'indifferenza.
Ma or luce di lana in notti di neve,
ancor pioggia e lacrime ad ingrossar torrenti
nel silenzio di prati fioriti in preghiera
avvolge, stravolge il tutto il tuo profumo.*

***

Fra massi di memorie diroccate,
avvinto da albe colorate,
impalpabile gioco di visioni
nato come me, un po' per caso.
La vita mi rincorre, a volte si fa male,
aquila d'oro persa verso il mare
dalla marea che s'avviluppa all'onda,
stempera speranze come stagioni.
Dalle mie prigioni fuggo,
oltre la grata che stringe i lacci
tra le ragioni che intessono attese,
gocce di fede, spasmi di vita.
Fa che, spento il lume, si levi
dall'eterna prostrazione l'animo,
sana ogni ferita con cara medicina:
basti solo tu per germogliare ancora.

***

Scuote l'ultimo crollo fumante,
sogno speciale ora come allora,
luminose attese e flutto d'onda
partoriti poi da altro, da me.
Farfalla di primordial splendore
svanita sul mare in muta tempesta,
divenuta scia, briciola di stella
che rincorro e sfioro ogni dì.
Fiore disteso oltre le sfere,
in cuore tinge sangue e speranza,
dal principio trae possanza,
flebile canto, dolce orazione
che tutti consola, tutto concedi,
alle mancanze d'una vita in panne.
Ma basta farti pulsazione, carne viva,
pensiero che fa grande questa storia.

***

*Nella via che scorre veloce
come terra d'approdo m'appari,
scendi lieve al tramontar del sole,
tu, regina del silenzio e del buio.
Nella quiete slacci i sogni,
come madre gli doni la vita
in un cielo trapuntato di stelle,
senza confini lo spirito vola
qual tremula foglia al vento,
frastuono del giorno che rinasce:
amami ancora, solo una volta,
dolcissima e rara parola.
Del tuo ampio sguardo
il viso mio traspare
di gocce fresche e informi
partorite dall'alta marea.*

***

*In questo mondo che ruba la pace
nella furia di un tempestoso andare,
col tuo manto che tutto ricopre
dona ad ognuno il bramato ristoro.
Prigioniero del proprio pensare
m'accompagni in un dolce vagare
con la luna, pittrice d'ombre,
mentre asciuga la bagnata fronte.
Ti disperdi in quel raggio di luce,
non riconosci del silenzio la voce,
senza dirmi nulla di strano
dilaghi suoni all'aria sparsa
e sulla mia pelle cosparsa d'oli
una pioggia sottile sfibra e sfiora
quelle lacrime stanche di cadere
che or s'aprono in un gioco d'amore.*

***

*Consumare l'attesa
di ovattati odori,
d'intimità istigata:
radici compiute.
Nel sottofondo
in cui ci si affanna
a custodire l'arte
rubo il fuoco alla notte
mentre il suo seme
ancora da allor dischiude
l'odore che inebria
e rinnova i baci tuoi di seta.
Traccia con un dito
i giorni ed ogni ora
anche quando il sognare
diviene un'avventura.*

***

*Naufragano zolle,
suoni disordinati
da sogni in cui sgusciare
prosciugando pensieri
di parole da perdere:
la voce dell'anima,
un monosillabo caro
di assoluto celato.
Nutro il mio silenzio
con qualcosa di diverso,
fugaci fate, calorose chimere,
alla sera nascoste, quando temo
il tuo sacrosanto volto
smarrito tra rotte mai percorse,
e i giorni che ora imploro
li elargisci da immemore tempo.*

***

Svanisco alla luce del mattino,
ti rivedo giovane e bella,
t'accolgo tra le braccia
e risorgo come fibra di stella.
Tocco l'anima tua lontana
e provo una felicità mai vissuta,
smarrita tra le voci della natura,
ben nascosta allo spegnersi del lume.
Il notturno sogno riaccende le sfumature
e penso a quell'amore bastato per un istante,
ora mio autunno giunge al lieto fine
e rimpiango gli anni di dolce stagione.
Non so dove le bugie abbiano meta,
dove trovare anch'io rifugio,
vecchia culla, gocce d'umanità:
un giorno, forse, raggiungeremo il traguardo.

***

Rido e corro, casco e piango,
scivolo sull'erba, rotolo per terra,
sporco e graffiato, sudato o bagnato.
Le risate e gli scherzi con amici e fratelli,
a volte il pallone, senza alcun padrone.
Con la terra ed il bosco,
con gli alberi e le foglie,
con i torrenti e i ruscelli.
Lo devo a quel tempo
passato a giocare, a cacciare
e pescare da bimbo contento
se ora lotto e sopporto,
se apprezzo i sogni, i traguardi, la vita...
Il sole s'eclissa, espleta il suo clamore,
la gente si dirada fino a scomparire
al magico apparir della luna sorgente;
un altro giorno è alla fine.

***

Youcanprint
Finito di stampare nel mese di agosto 2019

www.ingramcontent.com/pod-product-compliance
Lightning Source LLC
Chambersburg PA
CBHW081637040426
42449CB00014B/3357